SOUVENIR

DE LA MISSION DE 1896

PRÊCHÉE

A NOGENT-LE-ROTROU

PAR

LES RR. PP. RÉDEMPTORISTES

LE MANS
TYPOGRAPHIE EDMOND MONNOYER
12, PLACE DES JACOBINS, 12

1896

SOUVENIR

DE LA MISSION DE 1896

Héliotypie E. LAUSSEDAT, Châteaudun (E.-&-L.)

CALVAIRE DE LA MISSION

SOUVENIR

DE LA MISSION DE 1896

PRÊCHÉE

A NOGENT-LE-ROTROU

PAR

LES RR. PP. RÉDEMPTORISTES

LE MANS
TYPOGRAPHIE EDMOND MONNOYER
12, PLACE DES JACOBINS, 12

1896

SOUVENIR

DE LA MISSION DE 1896

Le but de celui qui a réuni ces quelques pages a été d'offrir un souvenir de la Mission à tous les esprits attentifs qui l'ont suivie, à tous les cœurs qui l'ont aimée, et principalement aux heureux fidèles qui lui consacrèrent toute leur âme.

Sans doute l'esprit a gardé l'impression des vérités qu'il a entendues, le cœur l'impression du dévouement et de la charité des apôtres qui l'ont touché; l'âme aussi a conservé l'impression des grâces qu'elle aura reçues; mais je crois aller au devant de bien des désirs en réunissant dans une simple brochure les traits nombreux qui appartiennent à l'histoire de ces vingt jours.

Un admirable récit de la Mission a été communiqué par M. le doyen de Nogent-le-Rotrou à *La Voix de Notre-Dame de Chartres* (le supplément du 18 avril, n° 13), mais combien cet organe diocésain compte-t-il d'abonnés dans cette ville?

Les articles humoristiques publiés par *La Croix d'Eure-et-Loir* (1) ont été bien lus sans doute, mais les journaux sont des feuilles et le sort de ces feuilles-là n'attend pas jusqu'à l'automne pour les disperser et les perdre.

Ajoutez encore à cela plusieurs documents très intéressants comme la déclaration des missionnaires (2), la lettre de M. le maire au journal *La Croix* (3), et enfin la réponse si précise de M. le doyen (4).

(1) *Croix d'Eure-et-Loir* du 29 mars et du 5 avril.
(2) *Voix* du 18 avril.
(3) *Croix d'Eure-et-Loir* du 12 avril.
(4) *Le Nogentais* du 12 avril et la *Croix d'Eure et-Loir* du 19 avril.

Recueillir tous ces souvenirs, tel a donc été le but de ce petit travail.

S'il a le bonheur de renouveler la joie de tous les bons chrétiens, de raviver notre reconnaissance envers Dieu et de rendre un dernier hommage au zèle apostolique des RR. PP. Rédemptoristes, ce sera son plus solide mérite et sa plus précieuse récompense.

On nous saura gré de parler un peu de la famille de nos excellents prédicateurs.

Voici en quelques mots l'origine de cet Ordre religieux des Pères Rédemptoristes.

Un des plus illustres enfants de l'Italie au siècle dernier fut saint Alphonse de Liguori. Né le 27 septembre 1696, et doué du plus heureux naturel, Alphonse fit de si rapides progrès dans les sciences qu'à seize ans il était reçu docteur à l'Université de Naples. Entré dans l'état ecclésiastique, il réunissait bientôt autour de lui un certain nombre de prêtres brûlant comme lui de zèle pour le salut des âmes. La communauté se composa d'abord de huit membres : tels furent les commencements de la Congrégation du Très-Saint Rédempteur.

Le saint fondateur obtint la confirmation du nouvel institut en 1749.

Saint Alphonse mourut en 1787. Cet homme admirable avait fait le vœu de ne pas perdre une minute de son temps. Le plus célèbre des écrits de ce saint auteur est sa *Théologie Morale*, qui prouve une science étonnante.

Il avait consulté pour cet ouvrage plus de 700 théologiens.

Un décret de l'année 1871 a mis saint Liguori au rang des docteurs de l'Église.

Voici comment le saint fondateur indiquait le but de son institut : « Notre emploi, disait-il à ses missionnaires, est l'emploi même qui fut exercé par J.-C. et par ses apôtres. Celui qui n'a pas l'esprit de J.-C. ni le zèle de ses apôtres n'est pas propre à ce ministère. »

Tel est l'esprit que le père de famille a voulu donner à ses enfants.

Saint Alphonse voulait encore que chacun fît une étude approfondie de l'éloquence sacrée C'est en prêchant et en faisant prêcher de cette manière que le saint charmait les pasteurs et les peuples.

Il faut croire que les fils ont bien gardé la science et l'esprit du père, car leur parole a bien conservé le charme qu'avait celle de leur illustre fondateur.

Nous connaissons maintenant la famille des Religieux Rédemptoristes à laquelle appartenaient les héros de la Mission nogentaise. Nous donnons ici les noms de ces six apôtres en les groupant selon les paroisses auxquelles ils étaient attachés :

Paroisse Notre-Dame :	RR.P. Mouton,
—	P. Didry.
Paroisse Saint-Hilaire :	P. Sdilon,
—	P. Tailleur.
Paroisse Saint-Laurent :	P. Monniot,
—	P. Lemonnier.

La Mission s'ouvrait le dimanche 15 mars. Elle devait durer trois semaines, du 4e dimanche de Carême au jour de Pâques, 5 avril.

Voici comment s'exprime le récit de M. le doyen de Notre-Dame, que nous reproduisons en entier :

LA MISSION GÉNÉRALE DE NOGENT-LE-ROTROU

Arrêtée en principe depuis bientôt *trois ans*, on peut dire qu'elle a été longuement préparée. Dans ces derniers temps surtout, un grand nombre de Communautés et de Sociétés religieuses, beaucoup d'âmes fidèles, en France et jusqu'en Amérique, avaient été sollicitées d'offrir à Dieu, à l'intention de la Mission, leurs prières, leurs sacrifices et de ferventes communions. Ce pieux appel a été entendu; et c'est à la grâce de Dieu, implorée par tant de voix suppliantes, que sont dus les heureux résultats obtenus par la parole ardente, l'action sagement combinée et le dévouement apostolique des zélés prédicateurs. Ce n'était pas en effet sans quelque appréhension que le clergé de la ville entreprenait une œuvre aussi considérable. Depuis la grande Mission de 1828, dont le souvenir ne s'est pas encore effacé parmi nos populations, si des prédications, des retraites, et même des missions paroissiales avaient été procurées aux fidèles de la ville, aucune mission générale n'avait été tentée. Il s'agissait, cette fois, si nous osons ainsi parler, de remuer, par un labour profond, le sol un peu durci par le temps et d'y semer le bon grain, espoir des moissons futures. Un effort commun s'imposait. Le clergé nogentais, uni dans les mêmes vues et les mêmes sentiments, n'hésita pas devant les difficultés ; et, pour la gloire de Dieu et le salut des âmes, la Mission générale fut décidée.

Du premier coup, on put prévoir qu'elle ne serait pas sans succès. L'assistance, considérable dès la première réunion, ne cessa pas de s'accroître. Les églises étaient devenues pour ainsi dire trop petites. A Notre-Dame, il fut nécessaire, dès le troisième jour, d'enlever les prie-Dieu pour multiplier les places, et, malgré le grand nombre de sièges supplémentaires qui furent mis à la disposition des fidèles, on ne parvint pas toujours à suffire à leur empressement; beaucoup étaient obligés de se tenir debout.

Il est bon d'ailleurs de rappeler que le clergé paroissial, non content d'adresser à toutes les familles une lettre d'invitation à la Mission, n'avait pas reculé devant la fatigue des visites à domicile, faites de concert avec les missionnaires. La première semaine tout entière fut consacrée à ces visites. Aucune maison, soit de la ville, soit de la campagne, ne fut volontairement négligée. Le bon accueil, que reçurent partout et sans aucune exception les Missionnaires, leur laissa la meilleure impression.

Du reste, dans cette première semaine, ils s'étaient assuré le concours des plus aimables et, disons-le sans hésiter, des plus zélés coopérateurs : nous voulons parler des enfants. Des exercices particuliers leur avaient été réservés : ils y vinrent avec empressement. Avec quelle attention ils écoutaient les intéressantes instructions mises à la portée de leur âge ! Avec quelle joie ils chantaient les pieux cantiques ! Avec quelle piété ils s'unissaient à la prière ! Mais surtout quelle ardeur ils déployaient pour amener leurs parents et leurs amis aux réunions du soir, afin de mériter les récompenses promises par le Père, ces médailles, ces belles images qui seront pour eux de si précieux souvenirs ! Aussi était-ce justice qu'une fête spéciale fût organisée à leur intention, Elle eut lieu le dimanche 22 mars, en présence d'un nombreux concours de parents, tout heureux de voir la joie qui rayonnait sur le front de leurs chers enfants, tout fiers aussi de les voir placés sous la maternelle protection de N.-D. du Perpétuel Secours.

On sait ce que sont les Missions. Le soir, le prédicateur traite les grands sujets . les fins dernières, la mort, le jugement, l'enfer, le péché, les occasions du péché, la dévotion à la Sainte Vierge, etc. Ces pensées si graves remuent les âmes et les mettent dans l'alternative ou de servir Dieu, comme le doivent faire de vrais chrétiens et des hommes raisonnables, ou de se placer en dehors du bon sens et de la droite raison, comme ceux qui sont les esclaves de l'indifférence religieuse, du respect humain ou des mauvaises passions. Le matin, le Missionnaire s'adresse en général aux âmes plus fidèles. Il les éclaire sur les devoirs de la vie chrétienne, il ouvre devant elles le chemin de la vertu, il leur fait voir dans la prière, dans le sacrifice, dans la pratique généreuse de l'Évangile, la condition nécessaire du bonheur éternel et de la paix de la conscience. Dans chacune de nos églises, les Révérends Pères se sont acquittés de leur tâche avec un zèle et un talent que leurs fidèles auditeurs ont unanimement reconnus et appréciés.

Leur brûlante parole plaçait, en effet, toutes les âmes devant l'alternative de servir Dieu ou le monde.

Il serait peut-être intéressant de voir quelles pensées aussi ces grandes vérités inspiraient à saint Alphonse, leur vénéré maître. Voici comment il s'exprimait au sujet de la conversion :

« S'il est insensé celui qui se refuse à croire à la vérité de la foi catholique, bien plus insensé est celui qui y croit et vit comme s'il n'y croyait point. »

Il disait du monde :

« Pour se sauver il faut vivre selon les maximes de l'Évangile et non selon celles du monde. »

Il disait de Dieu :

« Dieu, c'est notre lumière ; plus l'âme s'en éloigne, plus elle s'enfonce dans les ténèbres. »

Et encore :

« Quelque prix que Dieu coûte, il ne coûte jamais cher. »

Il disait de la mort :

« C'est folie de ne pas penser à la mort ; folie plus grande d'y penser et de n'y pas s'y préparer. »

Il disait du péché :

« Qui rend la mort mauvaise? Le péché! Donc il faut craindre le péché et non la mort. »

Et de l'enfer :

« Il n'y a d'enfer que pour ceux qui le veulent. La recette pour le supprimer, c'est la confession. »

Et des occasions de péché :

« Pour se sauver, il faut toujours craindre de se perdre! ».

« Toute pensée dangereuse doit être secouée à l'instant comme une étincelle qui tombe sur les habits. »

Enfin il disait de la sainte Vierge :

« Heureuses les actions renfermées entre deux *Ave Maria.* »

La confiance de saint Alphonse en la Sainte Vierge a passé à ses fidèles disciples qui placent aussi toutes leurs œuvres sous la protection de N.-D. du Perpétuel Secours.

Parmi les nombreuses cérémonies de la Mission, la fête en l'honneur de la Sainte Vierge fut mise au premier rang, comme le fait remarquer le récit :

Pour entretenir l'ardeur et exciter l'intérêt, les fêtes ne manquèrent point. Elles sont les mêmes dans chaque paroisse. C'est d'abord, le mardi 17 mars, la bénédiction et l'inauguration de l'image de N.-D. du Perpétuel Secours, la Vierge miraculeuse confiée par Pie IX aux enfants de Saint Alphonse de Liguori, et à laquelle ils se font un devoir de consacrer chacune de leurs missions. A Notre-Dame le R. P. Mouton organise une supplication continue; et rien n'est plus touchant que de voir, chaque jour, depuis 6 heures et demie du matin jusqu'au soir, des groupes nombreux réciter en commun le chapelet, devant l'image vénérée, pour la conversion des pécheurs et le succès de la Mission.

Le vendredi 20 mars, après le sermon de la Mort, est célébrée la fête des défunts. L'église est tendue de deuil, le catafalque se dresse devant l'autel, tout autour brûlent des cierges nombreux, le chant grave du *De Profundis* se fait entendre. Avec quelle ferveur on prie pour ceux que l'on a perdus et l'on demande pour soi et pour les siens la grâce de la bonne mort!

Le mardi 24 mars, pour la fête de l'Amende honorable, une grande croix haute de près de dix mètres, chargée de centaines de bougies offertes par les fidèles, attire tous les regards et provoque l'admiration, non moins par la splendeur que par la rapidité de l'illumination.

La consécration à la Sainte Vierge se fit le lundi 30 mars. Elle fut marquée par une illumination plus belle et plus considérable encore. Rien de gracieux comme le chiffre de Marie surmonté d'une splendide couronne d'étoiles; un millier de bougies composaient cette œuvre immense et jetaient un éclat incomparable.

N'oublions pas les distributions d'objets pieux. Nous avons parlé déjà des images et des médailles données aux enfants. A leur tour, les grandes personnes reçoivent, le dimanche de la Passion, des chapelets, et le dimanche des Rameaux, des crucifix. Le jour de Pâques, les hommes qui participent à la communion générale ont encore une jolie croix en cuivre. Ces objets sont fournis par l'Œuvre de saint François de Sales et l'Œuvre des campagnes, que nous ne saurions trop remercier de leur concours généreux.

Ainsi dans chaque église les fidèles reçurent les mêmes instructions, emportèrent les mêmes souvenirs, éprouvant ainsi les mêmes joies.

Cependant chacune des paroisses doit noter quelque souvenir particulier.

L'église Notre-Dame, comme étant la plus centrale et d'un accès plus facile, fut choisie pour les réunions réservées aux hommes seuls. Sept conférences y furent données devant un auditoire très considérable. On eût dit que le respect humain, le maître souverain de notre pays, avait, pour la circonstance, relâché les liens dont il enlace ses victimes. Les hommes, heureux d'avoir secoué ce joug pénible, viennent et viennent nombreux. Jusqu'à la fin, malgré une regrettable pression exercée sur la population ouvrière, malgré les attaques perfides et mensongères d'une presse éhontée, l'auditoire se maintient à un chiffre très élevé. D'ailleurs, qui ne serait captivé par la parole incisive du R. P. Mouton, par la netteté de son argumentation, par la solidité des preuves qu'il avance, par la franchise avec laquelle il expose les objections à la mode, mais aussi la vigueur avec laquelle il les réduit à néant?

Voici avec leurs dates les sujets traités par le prédicateur :

Le jeudi 19 (fête de saint Joseph). Première conférence — sur l'Existence de Dieu — à laquelle assistait plus d'un millier d'auditeurs.

Samedi 21. Les faux docteurs.

Mercredi 25. Les bienfaits de la Religion.

Vendredi 27. La divinité de Jésus-Christ.
Mardi 31. La Confession.
Jeudi 2 avril. Les délais de la conversion.
Samedi 4 avril (dernier entretien).

Il faut avoir entendu l'éloquent missionnaire pour se faire une idée de sa puissance d'action. Aussi l'on a pu admirer, pour ainsi dire chaque soir, la magnifique réunion d'un demi-millier d'hommes. N'y avait-il pas pour toutes ces intelligences la jouissance de goûter la vérité dans cette heure de repos qui succédait pour beaucoup aux fatigues d'une laborieuse journée?

N'y avait-il pas pour tous ces cœurs le plaisir de rencontrer tant de dévouement? et pour ces âmes, n'y avait-il pas surtout bien du bonheur à répondre à l'attrait surnaturel des grâces de la Mission?

Le souvenir des grands hommes, des génies chrétiens, le témoignage de leurs paroles et de leurs vertus; le souvenir aussi des plus célèbres ennemis de l'Église et les témoignages que la conscience leur avait arrachés; tous ces traits saisissants, multipliés par le Père dans ces discours, tendaient à captiver les esprits toujours si avides de souvenirs.

C'était par exemple la pensée d'un Newton touchant l'existence de Dieu :

« Vous jugez que j'ai une âme intelligente parce que vous apercevez l'ordre dans mes paroles et dans mes actions; jugez donc en voyant l'ordre de ce monde qu'il y a une âme souverainement intelligente. » Et les traits les plus simples succédaient aux plus sublimes paroles.

Ici, le charmant récit de l'enfant de chœur défendant sa foi contre l'esprit fort; et le vieil avocat, l'homme qui ne croit que ce qu'il comprend, embarrassé par le malin *pourquoi* du modeste enfant : « Pourquoi la volonté de monsieur, capable d'imprimer un mouvement de nerf à l'un de ses doigts, était incapable pourtant de secouer le moindre bout de l'oreille. »

Là c'est encore Newton montrant un jour à un athée un magnifique globe céleste qui ornait son bureau et confondant le scepticisme de l'incrédule par cette froide réponse que ce petit chef-d'œuvre n'était l'œuvre de personne.

Pour la divinité de Jésus-Christ, le prédicateur, après avoir invoqué le témoignage des écrivains païens sur l'existence de Jésus, demandait les preuves de sa divinité, aux merveilles de sa vie, aux ignominies de sa mort, à toutes les splendeurs de sa résurrection, au miracle de son ascension et aux prodiges incessants de son Église.

Il le demandait encore au génie d'un Napoléon, et il arrachait à la conscience d'un Rousseau cette parole bien connue : « Si la mort de Socrate est celle d'un sage, la mort de Jésus-Christ est la mort d'un Dieu. »

Et les ennemis de la religion, les faux docteurs! Comme ils sont apparus dans leur ignorance, tous ces pauvres vaniteux de la libre pensée! « Moins on est intelligent, a dit un écrivain de talent, mieux on est disposé à devenir libre de penser ce que l'on veut. »

Quelqu'un qui ne sait pas un mot d'astronomie est libre de ne pas reconnaître la rondeur de la terre; il est libre de ne pas admettre que le soleil immobile, au lieu de tourner autour de nous, nous fait tourner autour de lui. Il est libre de tout cela parce qu'il ne sait pas la vérité.

Il est donc libre parce qu'il ne sait pas! preuve évidente du savoir du libre-penseur.

Êtes-vous libre d'admettre que 2 et 2 font 5? Une fois que l'on sait que 2 et 2 font 4, l'on ne peut plus ne pas le reconnaître. Agir autrement, c'est être insensé. Une fois que l'on sait les vérités de la religion, de Dieu, de Jésus-Christ et de l'Église, on n'est plus libre de ne pas les reconnaître; agir autrement c'est encore être insensé.

Mais la religion a un inconvénient, c'est que le dogme ne va pas sans la morale, chose très gênante pour le libre-penseur, qui préfère rester libre viveur.

Voltaire estimait beaucoup une tragédie anglaise qui commençait par ces simples mots : « Mets de l'or dans ta poche et moque-toi du reste », — « c'était là, disait-il, des avis qu'il ne trouvait pas tragiques, mais fort sensés. »

Et pourtant, ô libre-penseur! « il n'y a pas d'homme de bien sans Dieu ». Et « si l'on ôte la piété, il n'y a plus de bonne foi. »

C'est Cicéron le païen qui raisonnait de la sorte cinquante ans avant Jésus-Christ.

« Je voudrais voir, dit notre La Bruyère, un homme sobre, modéré, dire qu'il n'y a pas de Dieu, ce serait sans intérêt; mais cet homme-là ne se trouve pas. »

Enfin le sage Platon, prédicateur du ve siècle avant Jésus-Christ, a osé dire ceci :

« Quiconque attaque la religion est un malfaiteur public. »

C'est avec regret qu'il faut hâter ces lignes ; sans doute, la fidélité des mémoires comme celle des cœurs en rappellera plus long que la plume. Dieu soit loué!

On n'a pas oublié la conférence sur l'inépuisable charité de l'Église. La charité, en effet, a si bien été la caractéristique de la religion, que les païens reconnaissaient les chrétiens des premiers siècles à ce signe : « Voyez comme ils s'aiment. » Or, à tous les âges, des cœurs ont connu ces mêmes flammes du dévouement.

Nos derniers siècles n'ont rien à envier aux premiers et il suffira de nommer quelques héros de la charité : un saint Vincent de Paul, un bienheureux de La Salle, un abbé de L'Épée ou un abbé Lepailleur.

Saint Vincent de Paul et le bienheureux de La Salle? Ce sont là deux gloires qui ont leur auréole assez belle dans ce XVIIe siècle, le plus brillant de tous ceux de notre histoire. Est-il un nom plus connu que celui du créateur de la fille de charité?

« Fille de la Charité ! Comme le mot est heureux et représente bien le caractère de la fonction; et un illustre penseur de notre siècle, M. Jules Simon, a pu écrire : « Si vous connaissez l'histoire, jetez un coup d'œil sur l'antiquité entière; regardez-la, même dans les livres que l'on nous fait pour la rendre plus belle; vous ne trouverez rien qui égale l'œuvre créée par saint Vincent de Paul.

« Je défie de rencontrer dans les institutions de la Grèce et de Rome quelque chose qui vaille les Filles de la Charité. »

Cependant la sœur de charité est une part seulement de l'œuvre de saint Vincent.

Et tandis que Vincent soulageait les misères des enfants du peuple, Jean-Baptiste de La Salle se faisait apôtre pour instruire et évangéliser ces mêmes enfants.

Voyez maintenant ce qui reste debout des conquêtes et des splendeurs du grand siècle. Le trône est tombé; toutes les institutions ont péri. Si vous voulez voir ce qui reste de la France du temps de Louis XIV, regardez passer la blanche cornette de la sœur de charité et la robe noire des frères de la doctrine chrétienne.

A la fin du siècle dernier, c'est l'abbé de L'Épée se consacrant à l'instruction des sourds-muets, inventant pour eux le langage des signes.

Puis l'abbé Sicard qui leur rend la parole par la lecture sur les lèvres.

Enfin au milieu des œuvres de charité si nombreuses de notre époque, apparaît celle des Petites Sœurs des Pauvres, fondée en 1840 par un modeste vicaire, l'abbé Lepailleur et une pauvre domestique, Jeanne Jugan. Aujourd'hui cet institut possède plus de 260 maisons dans le monde et il abrite plus de 30.000 pauvres vieillards.

C'est ainsi que l'Église a toujours pratiqué la charité de Jésus-Christ.

Quand on pense à l'ouvrier ! il était entièrement inconnu avant l'Évangile. Il n'y avait alors que l'esclave; c'était la chose, l'outil du maître. L'Église est venue; elle a pris l'esclave, l'a baptisé, en a fait le frère de Jésus-Christ; elle l'a élevé et lui a promis le ciel. Comme si cela n'était pas assez, elle lui a fait un foyer, une famille, elle a fait de lui un homme, un chrétien, le travailleur libre, l'ouvrier.

Il est vrai que d'autres sont venus défaire l'œuvre de l'Église et lui ont ravi sa foi, son espérance, sa place au ciel; puis ils lui ont encore enlevé la liberté de son corps et sa libre place sur la terre.

. . . .

— Jésus-Christ a fondé l'Église; il en a établi les sacrements; il est donc l'auteur de la confession!

Les réponses aux objections courantes sur ce sujet ont donné à l'auditoire l'impression de la plus vive admiration.

Qui ne se rappelle ici l'objection : « Je n'ai pas de péché! ». Évidemment, voilà de quoi ruiner la confession. Mais pour avoir l'avantage de cette impeccabilité, il faudrait avoir le courage de se placer dans les deux catégories que l'on sait. « En fait de gens qui ne pèchent pas il y en a de deux sortes : ceux qui n'ont pas encore la raison et ceux qui l'ont perdue. »

Le jeudi 2 avril avait lieu la dernière conférence sur les « délais de la conversion. » Deux mots rappelleront tout le discours. Le « plus tard » du pécheur qui abuse de la miséricorde divine; et le « trop tard » par lequel la justice de Dieu répond souvent à ces lenteurs.

On me pardonnera, je l'espère, d'avoir voulu esquisser rapidement ces conférences, auxquelles tant d'hommes avaient voulu prêter une si légitime attention.

Cependant le samedi saint le Père Mouton désirait encore donner à son cher auditoire un dernier et très court entretien.

Ces quelques mots s'adressaient à ceux qui se disposaient, en remplissant le lendemain leur devoir pascal, à fouler aux pieds le respect humain.

Au matin du grand jour de Pâques, nous la voyons, cette noble phalange de braves, se presser à la table sainte. C'est la première fois, croyons-nous, que, dans la ville de Nogent, les hommes se trouvent ainsi réunis pour une communion générale. Ils ont pu le constater avec fierté, leur nombre était assez grand pour imposer le respect à quiconque eût voulu les railler. Mais ce qui valait mieux encore que le nombre, c'est que par eux était représenté ce que la ville possède de meilleur et par la situation personnelle, et par la dignité de la vie, et par l'honnêteté du travail, et par les vertus solides qui, dans tous les rangs de la société, font le bon père de famille, le bon citoyen, l'homme estimable. La messe terminée, le R. P. Mouton, en quelques mots chaleureux partis du cœur, exhorte ces généreux chrétiens à se montrer fidèles aux résolutions qu'ils ont prises. Puis, sur une inspiration subite, il leur demande de témoigner de leur foi hautement et sans crainte. Le moment est solennel ; tous ces hommes sont debout, le bras tendu vers le tabernacle. Et deux cents voix énergiques répètent, après le prédicateur, le serment du chrétien : « Je renonce à Satan, à ses pompes et à ses œuvres ; et je m'attache à Jésus-Christ pour toujours. » — C'est bien, dit le R. P., mais promettez-vous d'être désormais toujours fidèles au devoir pascal? — Oui, nous le promettons. — Promettez-vous que le dimanche sera maintenant pour vous un jour sacré et que vous le sanctifierez, selon l'esprit de l'Église ? — Oui, nous le promettons. — Promettez-vous enfin que le vendredi sera respecté par vous et dans vos familles? — Oui, nous le promettons.

L'émotion est à son comble; de douces larmes s'échappent de bien des yeux, et dans les joies de l'action de grâces montent vers le ciel des hymnes de reconnaissance pour le Dieu qui a fait un si beau jour.

Et cependant nous n'étions encore qu'à l'aurore de ce jour. Tout à l'heure nous verrons s'achever cette journée splendide.

L'Église Notre-Dame avait eu ainsi le privilège des conférences d'hommes et la gloire de cette admirable communion pascale.

L'église Saint-Hilaire eut aussi des solennités particulières. Là, dès le Jeudi saint, fut exposé sur un lit de parade le magnifique Christ de la Mission, dont nous parlerons tout à l'heure. Il s'établit aussitôt un courant ininterrompu de visites, où l'on voulait à la fois satisfaire à la piété et à une légitime curiosité. Le Vendredi saint, eut lieu la bénédiction d'un nouveau chemin de croix, destiné à remplacer l'ancien que l'humidité avait endommagé. Ce sera un ornement précieux de plus pour cette église qui, sous la direction de son dévoué pasteur, M. l'abbé Percebois, a reçu déjà tant d'embellissements.

A Saint-Laurent, un nouvel autel, offert par la paroisse en souvenir du 25e anniversaire de l'installation de M. l'abbé Godet, a été inauguré le dimanche des Rameaux. Commencés dès le lendemain de la fête jubilaire (1), les travaux ont été, sous une intelligente direction, menés avec la plus grande rapidité ; et désormais ce bel autel, en style du XVe siècle, remplacera avantageusement une boiserie médiocre qui jurait avec l'architecture de l'église. Il restera comme le double souvenir de l'affection des paroissiens pour leur curé bien-aimé et des fêtes de la Mission.

. . . .

Un monument demeurera aussi à la ville : c'est la Croix de Mission. Dans la pensée de MM. les curés, cette croix devait être établie en un lieu que, vers le milieu du XIIe siècle, la pieuse comtesse

(1) Cette fête a été célébrée le 23 février, 1er dimanche de Carême.

Beatrice, mère de Rotrou-le-Grand, avait affecté à cette religieuse destination et qui, pour cette raison, porte le nom de La Croix-à-la-Comtesse. Même dans les temps les plus troublés, cette croix historique avait toujours été respectée. Chaque fois qu'il y avait eu nécessité de la relever, on l'avait fait sans obstacle. Aussi quand elle fut, il y a quelques années, renversée par un ouragan, le clergé en avait réservé la restauration pour la clôture solennelle de la Mission dès lors en projet. Qui se fût attendu aux intrigues d'hommes assez inintelligents pour faire d'une cérémonie religieuse une question politique et pour prendre ombrage d'une manifestation où la foi seule était en cause?

Toujours est-il que par suite d'incidents douloureux, sur lesquels on nous permettra de ne pas insister, le maire de la ville, Dr Tournet-Desplantes, n'accorda pas au clergé l'autorisation de relever la Croix-à-la-Comtesse avant le départ des Missionnaires Rédemptoristes.

. C'est alors qu'une des familles les plus considérées de la contrée (1) céda un terrain admirablement situé à l'intersection de la route de Bellême et du chemin de Saint-Pierre-la-Bruyère. On a, de cet endroit, une vue magnifique sur la ville de Nogent et les environs. Grâce au zèle des ouvriers, dès le Samedi saint, au soir, on voyait se dresser sur un socle élevé la splendide Croix de Mission, haute de 5 mètres, avec un Christ de 1m,70, ouvrage en fonte admirablement exécuté par les Hauts Fourneaux de Brousseval (Haute-Marne).

Mais le calvaire de la Mission serait-il inauguré et bénit solennellement? C'est la question qui préoccupait toute la ville et tenait tous les cœurs dans l'anxiété. On savait déjà que, par suite de l'opposition signalée plus haut, la procession n'aurait pas lieu. Un dénoûment inattendu se produisit.

Le jour de Pâques, à la fin de la grand'messe, dans chaque église, le chef de la Mission monte en chaire et lit la déclaration suivante :

DÉCLARATION LUE EN CHAIRE, LE JOUR DE PAQUES, PAR LES MISSIONNAIRES.

Mes bien chers Frères,

Nous avions l'intention de clôturer cette belle Mission par une plantation de croix solennelle. Dès notre arrivée à Nogent, ces

(1) M. Milne-Edwards, membre de l'Institut, Directeur du Muséum d'histoire naturelle, à Paris, et son neveu M. Dumas-Edwards, petit-fils du célèbre chimiste J.-B. Dumas, propriétaires au château de l'Aunay. Qu'ils reçoivent ici l'hommage de notre reconnaissance!

Messieurs les Curés nous avaient proposé à cet effet la restauration du Calvaire de la Croix-à-la-Comtesse, respecté pendant plus de 700 ans par les plus impies eux-mêmes.

Partout cette cérémonie est accueillie avec enthousiasme et laisse dans les âmes le plus doux souvenir. C'est une fête pour les enfants dont le cœur pur s'ouvre si bien aux joies de nos manifestations religieuses ; c'est une fête pour les parents qui y retrouvent les consolations du plus beau jour de leur vie. C'est même un avantage précieux pour le commerce local favorisé alors non seulement par la population, mais encore par les nombreux étrangers qu'attirent toujours ces cérémonies.

Il en eût été de même parmi vous : tout nous l'a prouvé d'une manière évidente : l'affluence considérable que vous avez pu constater à toutes les réunions de la Mission, la sympathie avec laquelle fut accueillie partout l'annonce de la cérémonie projetée, l'empressement à visiter la croix de mission qui est vraiment belle et qui plaît à tous — le désappointement et les murmures qui ont éclaté dès que l'on a su que notre projet était entravé par ceux-là mêmes qui auraient dû l'encourager : tout en un mot nous a montré que la restauration solennelle du Calvaire de la Croix-à-la-Comtesse eût été une fête pour la ville tout entière.

Mais ce qui est permis même chez les Turcs, à Constantinople où les processions catholiques se déroulent en toute liberté protégées par le sultan, ne saurait, paraît-il, l'être à Nogent. Dans un pays qui se réclame sans cesse de la devise : liberté, égalité, fraternité, on nous refuse le droit de manifester en public nos sentiments religieux, c'est-à-dire, qu'on nous refuse la liberté que l'on accorderait même aux gens les moins recommandables.

On allègue qu'il pourrait se produire des troubles. Le trouble ne vient jamais de ceux qui prennent part à une cérémonie religieuse, mais uniquement des ennemis de la religion qui, s'accordant toute licence, voudraient étrangler la liberté des autres. Et en ce cas notre droit imprescriptible est d'être protégés et non interdits.

Pour ne point paraître nous révolter contre l'autorité civile, nous ne ferons donc pas la procession annoncée.

Cependant nous entendons user du reste de liberté qu'on nous laisse. En conséquence, nous allons de suite, comme les deux autres paroisses, qui partiront en même temps que nous, nous rendre auprès de la Croix de la Mission dressée à l'entrée de Nogent à l'intersection des routes de Berd'huis et de Saint-Pierre-la-Bruyère.

Nous irons non pas en procession et sur deux rangs, mais sans les insignes religieux et en masse compacte. Nous faisons appel à tout le monde indistinctement, hommes et femmes, mais surtout à tous les hommes de cœur qui ne craignent pas de se montrer chrétiens et qui entendent rester libres dans leurs convictions.

Reculer serait une faiblesse indigne d'un chrétien. C'est un acte de foi que nous ferons en allant vénérer la croix de Jésus-Christ.

Hommes et femmes, sachons affirmer nos croyances et ne soyons pas ingrats et sans cœur envers un Dieu qui a su mourir pour nous.

En un clin d'œil les fidèles quittent l'église; les rues sont noires de monde. Au chant du cantique : *Je suis chrétien, voilà ma gloire*, on franchit le pont Saint-Hilaire, on gravit la pente des Gauchetières. Enfin l'on arrive au lieu où se dresse la nouvelle croix; autour d'elle se masse une foule immense. Le supérieur-général de la Mission, le R. P. Sdilon, fait la bénédiction solennelle.

Le R. P. Mouton prend ensuite la parole, et après un discours d'une nerveuse éloquence, il propose aux cinq mille chrétiens qui l'écoutent de manifester leur foi et leur amour pour le divin Rédempteur. « Vive Jésus, vive sa Croix! », s'écrie-t-il. Et de 5,000 poitrines, le même cri s'échappe : *Vive Jésus, vive sa Croix*! — « Encore une fois », reprend l'orateur. Et de nouveau la foule répète : *Vive Jésus, Vive sa Croix*! — « Une fois encore », ajoute-il, et pour la troisième fois un immense cri retentit : *Vive Jésus, vive sa Croix*! L'orateur continue : « Disons maintenant : *Vive Marie, mère de Dieu*! » Et par trois fois, avec le même élan, la foule répète : *Vive Marie, mère de Dieu*! — *Vive l'Église, vive la Religion*! Trois fois encore ces exclamations sont redites par l'assistance. Le spectacle est de ceux auxquels les plus insensibles ne résisteraient pas. Enfin de sa voix puissante, le prédicateur, ému et plein de joie, s'écrie : *Vivent les braves gens de Nogent-le-Rotrou*! On lui répond : *Vivent les Pères, vivent nos missionnaires* !

L'enthousiasme est ineffable. Tout à l'heure au sortir de cette émouvante manifestation, à laquelle la moitié de la ville a pris part, quand on voudra se rendre compte de ses impressions, on ne pourra s'empêcher de se dire : Vraiment, n'est-ce pas un rêve? et sommes-nous bien dans un pays que l'on croit indifférent?

Pendant que le clergé et les fidèles baisent pieusement la Croix, la musique du Petit-Séminaire, aux applaudissements de tous, fait entendre un air de triomphe. Puis la foule se retire pieusement, fière d'une manifestation qui restera le grand événement de la Mission. Depuis lors, la Croix de Mission est devenue un lieu de pèlerinage. On y revient avec bonheur, pour réveiller les douces impressions du premier moment.

Le soir, dans toutes les églises, eut lieu la cérémonie de clôture. Jamais l'affluence n'avait été plus nombreuse. On voulait entendre les dernières instructions des Missionnaires et leur faire ses adieux. MM. les Curés se chargent d'exprimer les sentiments de reconnaissance qui sont dans tous les cœurs et laissent percer l'espoir de procurer à leurs paroissiens, dans un temps relativement assez court, le bienfait d'une Mission nouvelle. Puisse-t-il en être ainsi !

Et maintenant, le résultat? nous demandera-t-on. Le résultat ne serait-il que d'avoir brisé les entraves du respect humain; d'avoir rappris aux hommes le chemin de l'église, que la Mission ne nous semblerait pas avoir été sans fruits. N'est-ce rien que d'avoir fait entendre de nouveau, à des âmes qui depuis longtemps ne l'avaient plus entendue, la bonne et vivifiante parole de l'Évangile? — Le résultat ne serait-il que d'avoir rendu la paix aux consciences troublées, d'avoir donné aux personnes pieuses un peu plus de zèle pour leur sanctification et la sanctification du prochain; ne serait-il que d'avoir montré à tant d'imprudents le péril des mauvaises lectures, des théâtres et des bals, des fréquentations dangereuses, de ce qu'on appelle les occasions du péché : n'y aurait-il que cela, non, les Missionnaires n'auraient pas perdu le temps. Mais il y a plus. Les âmes ont été profondément remuées. Il en est qui, éloignées de Dieu depuis des années plus ou moins longues, sont revenues aux pratiques essentielles de la vie chrétienne. Oui, il est consolant de penser que, dans la ville de Nogent-le-Rotrou, malgré les clameurs intéressées des ennemis de tout bien, les conversions ont été nombreuses. Nous ne croyons pas exagérer en disant que *le* nombre des retours doit s'élever entre 3 ou 400. Remercions-en Dieu, l'auteur de tout don parfait, et la Sainte Vierge Marie, qui a été tant invoquée avant et pendant la Mission... Voilà le résultat, n'est-il pas des plus encourageants pour nos chers confrères, les pasteurs du diocèse?

En outre, si l'œuvre extérieure de la Mission est finie, nous savons que Dieu ne cesse pas d'agir dans les cœurs. A un nouvel appel, des hommes de bonne volonté viendront encore grossir le bataillon des braves qui, le jour de Pâques, se sont présentés à la table sainte. Le bon grain est semé : sous les chauds rayons du divin soleil, une belle moisson germera sur un sol que l'on regardait trop comme absolument stérile. Et dans notre pays, comme dans d'autres plus heureux, on verra s'élever, plus nombreuses que jamais, des générations à l'âme forte, à l'esprit vraiment chrétien. Courage et confiance !

Tel est le résumé de ces vingt jours que les zélés pasteurs de la ville avaient préparés, que les missionnaires ont rempli de leur admirable dévouement, et que Dieu a comblé de si abondantes bénédictions.

CANTIQUES DE MISSION

DES RR. PP. RÉDEMPTORISTES

ESPRIT-SAINT

Esprit-Saint, descendez en nous (*bis*)
Embrasez notre cœur,
De vos feux (*bis*) les plus doux.

1. Sans vous notre vaine prudence
Ne peut hélas! que s'égarer,
Ah! dissipez notre ignorance (*bis*),
Esprit d'intelligence, venez nous éclairer.

2. Le noir enfer pour nous livrer la guerre,
Se réunit au monde séducteur :
Tout est pour nous embûches sur la terre
Soyez, soyez notre libérateur.

JE SUIS CHRÉTIEN

Je suis chrétien, voilà ma gloire,
Mon espérance et mon soutien,
Mon chant d'amour et de victoire;
Je suis chrétien, je suis chrétien.

1. Je suis chrétien, à mon baptême
L'eau sainte a coulé sur mon front;
La grâce en ce moment suprême,
De mon âme a lavé l'affront.

2. Je suis chrétien, j'ai Dieu pour père,
A sa loi je veux obéir;
Avec sa grâce salutaire,
Pour lui, je veux vivre et mourir.

3. Je suis chrétien, je suis le frère
De Jésus-Christ mon Rédempteur;
L'aimer, le servir et lui plaire,
Fera ma gloire et mon bonheur.

4. Je suis chrétien, je suis le temple
De l'Esprit Saint, du Dieu d'amour :
Celui que tout le ciel contemple
Possède mon cœur sans retour.

5. Je suis chrétien, sur le Calvaire
Jésus divin consolateur
Me lègue une divine mère
Dont le nom fait battre mon cœur.

6. Je suis chrétien, ô sainte Église,
Je suis devenu votre enfant;
Plein d'amour, d'une foi soumise,
Je suivrai votre enseignement.

7. Je suis chrétien, j'ai pour bannière
La croix de mon divin Sauveur;
Mes ennemis me font la guerre,
Mais je me ris de leur fureur.

8. Je suis chrétien, sur cette terre
Je passe comme un voyageur;
Ici-bas tout n'est que misère,
Rien n'y saurait remplir mon cœur.

9. Je suis chrétien, ô ma patrie,
Beau ciel, j'irai te voir un jour;
En Dieu je trouverai la vie,
La paix, le bonheur et l'amour.

JE N'AI QU'UNE AME

1. En vain Satan, le monde et la nature
Par leurs attraits veulent me captiver;
J'aime mon Dieu plus que la créature,
Je n'ai qu'une âme et je veux la sauver.

Je n'ai qu'une âme
Qu'il faut sauver;
De l'éternelle flamme
Je veux la préserver (*bis*)

2. Je crains, hélas! la perte de cette âme
Pour la sauver je saurai tout braver :
Pourvu que Dieu m'embrase de sa flamme,
Je n'ai qu'une âme et je veux la sauver!

3. Comment peut-on pour un moment d'ivresse
Par le démon se laisser enlacer?
Que de regrets suivront cette faiblesse!
Je n'ai qu'une âme et je veux la sauver.

4. Quand tout le monde enivré par le vice,
Pour les enfers se ferait enrôler,
Pour moi du feu je crains trop le supplice :
Je n'ai qu'une âme et je veux la sauver!

5. Reine du Ciel, ô ma mère chérie,
De tout péché daignez me préserver :
Priez pour moi, bonne et tendre Marie!
Je n'ai qu'une âme et je veux la sauver!

PITIÉ, MON DIEU

1. Pitié, mon Dieu, sur le bord de l'abîme
Dont nous menace un trop juste courroux,
Tremblants, émus, détestant notre crime
Nous revenons pleurer à vos genoux!

Par vos souffrances,
O Dieu Sauveur,
Pardonnez nos offenses
Et changez notre cœur (*bis*).

2. Pitié, mon Dieu, pour ceux dont le blasphème
Monte vers vous comme un cruel affront;
Pardonnez-leur, Jésus, bonté suprême!
Les malheureux savent-ils ce qu'ils font?

3. Pitié, mon Dieu, pour l'ingrat qui se raille
De votre amour, de votre sainte loi,
Qui le dimanche insolemment travaille,
Et sous le joug s'imagine être roi.

4. Pitié, mon Dieu, pour ces foules errantes,
Troupeaux perdus, qui loin du vrai Pasteur,
Vont s'abreuver aux sources malfaisantes
Des voluptés, du vice et de l'erreur.

5. Pitié, mon Dieu, pour nos malheureux frères
Que des méchants excitent contre vous :
Dans votre sang éteignez leurs colères,
Et jetez-les pleurant à vos genoux!

6. Pitié, mon Dieu, que votre règne arrive,
Que votre nom soit partout respecté,
Que votre loi dans tous les cœurs revive,
Que tout s'incline à votre volonté!

7. Pitié, Seigneur, accueillez la demande
Du repentir qui pleure à vos genoux;
Et recevez de nos cœurs l'humble offrande
Cœur de Jésus! nous voulons être à vous.

AVE MARIA

Ave, ave, ave Maria (*bis*)

1. O Vierge chérie,
Reçois nos serments,
Et viens, ô Marie,
Bénir tes enfants.

2. O Vierge fidèle,
A toi j'ai recours :
Au cœur qui t'appelle
Donne ton secours,

3. Ton enfant sans cesse
Se sent défaillir;
Contre sa faiblesse
Viens le secourir.

4. Des sentiers du vice
Ecarte mes pas;
O Vierge propice,
Ne t'éloigne pas.

5. Mon âme coupable
Dans ses fers gémit;
Mère secourable,
Rends-moi Jésus-Christ.

6. Celui qui te prie,
Mère du Sauveur.
Retrouve la vie,
La paix, le bonheur.

SALUT, IMAGE SAINTE

1. Salut, Image sainte, emblême d'espérance,
Tu nous as protégés, protège-nous toujours.

Nous avons (*bis*) confiance
En ton perpétuel secours,
Vierge Marie,
Nous avons tous recours,
Mère chérie,
A ton secours,
A ton perpétuel secours (*bis*).

2. Salut, Image sainte, emblème de puissance,
Contre nos ennemis, combats pour nous toujours!

3. Salut, Image sainte, emblème de clémence,
Pour nous, pauvres pécheurs, intercède toujours!

4. Salut, Image sainte, emblème d'innocence,
D'horreur pour le péché pénètre-nous toujours!

5. Salut, Image sainte, oui, ta seule présence
Saura nous consoler, nous ranimer toujours!

6. Salut, Image sainte : avec persévérance
Nous viendrons devant toi nous prosterner toujours!

7. Salut, Image sainte, accorde la constance
Au cœur qui veut t'aimer et t'invoquer toujours!

PRIÈRE A N.-D. DU PERPÉTUEL SECOURS

PRIÈRE A RÉCITER TOUS LES JOURS.

O sainte Vierge Marie, qui, pour nous inspirer une confiance sans bornes, avez voulu prendre le nom si doux de Mère du Perpétuel Secours, je vous supplie de me secourir en tout temps et en tout lieu : dans mes tentations, après mes chutes, dans mes difficultés, dans toutes les misères de la vie et surtout au moment de ma mort. Donnez-moi, ô charitable Mère, la pensée et l'habitude de recourir toujours à vous, car je suis sûr que, si je vous invoque fidèlement, vous serez fidèle à me secourir. Procurez-moi donc cette grâce des grâces : la grâce de vous prier sans cesse et avec la confiance d'un enfant, afin que, par la vertu de cette prière fidèle, j'obtienne votre *perpétuel secours* et la *persévérance finale*. Bénissez-moi, ô tendre et secourable Mère, et priez pour moi, maintenant et à l'heure de ma mort. Ainsi soit-il.

40 jours d'indulgences.

Le tableau de la Mission serait incomplet s'il en restait là. Il faut des ombres au tableau ; il paraît que c'est une partie nécessaire. Surnaturellement parlant, il n'y a pas d'œuvres du bon Dieu sans que le diable en quelque coin ne vienne montrer un petit bout de ses cornes ; comme il n'y a pas de toile du célèbre peintre Carle Vernet sans un chien dans quelque angle.

Ici c'est au pied de la Croix que les petites cornes se sont montrées. Le terrain était mal choisi pour le succès.

Nous avons pu voir dans le récit de M. le Doyen de N.-D. le projet de restauration de la Croix-la-Comtesse. On avait réservé cette cérémonie pour la clôture solennelle de la Mission. C'est ce que prouve la communication de la lettre suivante, faite par le Maire à M. Lecomte, gérant du journal *Le Nogentais* (1).

Nogent, 27 *mars* 1896.

Le 23 mars dernier, M. le Curé-Doyen adressait au Maire de Nogent la lettre ci-après :

« Monsieur le Maire, nous avons l'honneur de vous prévenir que nous sommes dans l'intention de rétablir le calvaire de *la Croix-la-Comtesse* et de le bénir solennellement à la fin de la mission ».

Veuillez agréer, etc.

Signé : « Claireaux, *curé de Notre-Dame ;*
Percebois, *curé de Saint-Hilaire ;*
Godet, *curé de Saint-Laurent.* »

Et le communiqué ajoutait :

Immédiatement les membres du Conseil municipal recevaient une lettre de convocation pour le 27 mars.

A cette réunion, le nombre des membres présents étant insuffisant pour délibérer, la séance n'a pas été ouverte et de nouvelles

(1) *Nogentais* du 29 mars.

convocations ont été adressées pour le lundi 30 mars, à neuf heures du matin, pour connaître l'avis de la majorité du Conseil municipal.

Le Conseil municipal, conformément à l'article 68 de la loi du 5 avril 1884, ayant seul qualité pour autoriser ou refuser l'exécution des travaux nécessaires pour la réalisation du projet en question sur un terrain communal.

Agréez, monsieur le Gérant, l'assurance de mes sentiments distingués.

Le Maire,
DESPLANTES.

Mais les abstentions motivées du conseil et le silence obstiné du maire aboutissant à un continuel retard, la patience qui est un peu une vertu de paralytique, finit par disparaître, et l'état de choses suscita dans la *Croix d'Eure-et-Loir* (1) l'article suivant :

AU PAYS PERCHERON (2)

A Nogent-le-Rotrou, le gros événement est sans contredit la mission prêchée dans les trois églises paroissiales par les RR. PP. Rédemptoristes. C'est un vrai succès. La méditation du matin réunit bon nombre de fidèles. L'empressement des enfants à courir au catéchisme de onze heures dit assez le plaisir qu'ils y trouvent, et le soir les églises ont peine à contenir la foule qui s'y presse.

Jeudi, les Pères avaient eu l'heureuse inspiration d'inviter les hommes à une conférence. Qu'ils ont dû être heureux d'en trouver le soir plus d'un mille groupés autour de la chaire !

Le Prédicateur les a tenus une bonne heure sous le charme de sa parole aussi chaude que populaire ; il les a congédiés ensuite, non toutefois sans leur dire : au revoir ! — Samedi, malgré le surcroît d'occupations provenant du marché, presque tous étaient fidèles au rendez-vous.

Mais le plus beau jour, ce sera le dimanche de Pâques. Il paraît, en effet, que nous aurons une manifestation aussi grandiose que pacifique. Non seulement tous les Nogentais, mais encore les ha-

(1) Ce journal, dont le premier numéro a paru le 15 décembre 1895, possède aujourd'hui un tirage de plus de 7.000 numéros.

(2) V° *Croix* du 29 mars.

bitants des communes voisines voudront voir cela. Une croix de mission sera triomphalement portée et plantée à « La Croix-la-Comtesse », pour y remplacer le Calvaire tombé de vétusté il y a deux ou trois ans. Nous félicitons MM. les Curés d'avoir choisi cet emplacement; on craignait de voir disparaître une croix dont l'existence remonte au xiiᵉ siècle. Donnée par la comtesse Béatrix, d'où le nom de Croix-la-Comtesse, elle a depuis lors existé sous tous les régimes, et survécu même à la tourmente révolutionnaire. C'est un monument d'histoire locale, en même temps qu'un signe religieux. Sa restauration fera plaisir à tout le monde, et surtout aux habitants de ce quartier qui lui doit son nom.

Aussi, ne comprenons-nous pas pourquoi de mauvaises langues font courir de vilains bruits à ce sujet. — Comment? M. le Maire serait dans l'intention de s'y opposer? Allons donc! — Si nous étions à La Mure, administrés par un Chion-Ducollet, je ne dis pas! Mais à Nogent, ce serait drôle!

Serait-ce au nom de la liberté, qu'on nous contesterait le droit de parcourir en plein jour les rues de notre ville? Serait-ce au nom de l'égalité que, protégeant et encourageant — c'est son devoir — le défilé des cavalcades avec leurs nombreux chars, les retraites aux flambeaux, etc.? M. le Maire nous interdirait, à nous Catholiques, de défiler une fois tous les 72 ans, en portant sur nos épaules la Croix de notre Dieu? Serait-ce au nom de la Fraternité, qu'au lieu de favoriser la concorde, en nous couvrant tous d'une égale protection, il oserait, pour satisfaire la haine antireligieuse d'une poignée de sectaires, vexer sottement la grande majorité de ses électeurs et de ses clients?

Car enfin, quel serait le motif d'une telle interdiction? Le maintien de l'ordre? — Mais il peut y avoir du monde plein les rues, sans que désordre s'en suive. Un jour de foire, par exemple, plus l'affluence est grande, plus il y a de va-et-vient, de confusion, de bruit, plus c'est beau, plus les commerçants sont heureux. Est-ce alors parce qu'on marcherait, ce jour-là, 2 à 2, en ligne droite, et tous dans le même sens, qu'il y aurait désordre? — Mais vous chanterez des cantiques dans les rues? — On y chante bien des refrains immoraux! Et puis quand nous pousserions l'audace jusqu'à crier : « Vive N.-S. J.-C., pensez-vous que cela puisse faire chanceler le char de l'État?

Maintenant, la croix gênera-t-elle là-bas sur la place? Voilà 700 ans — il y a prescription! — que les conducteurs de voitures passent à côté sans accident. Sont-ils devenus moins habiles, à la fin d'un siècle de progrès? Évidemment non. La preuve, c'est que pas un n'a pensé jusqu'ici à faire disparaître le socle du Calvaire.

Aussi, nous en avons la certitude, M. le Maire, que cette question regarde tout seul, trop intelligent pour contrarier de si légitimes désirs, voudra aider MM. les Curés à perpétuer les souvenirs du passé. D'ailleurs, que gagnerait-il à s'y opposer ? l'odieux d'un acte de tyrannie, avec le triste mérite d'avoir surpassé en impiété tous ceux qui l'ont précédé depuis l'an 1150..... On en parlerait longtemps!!!

*
* *

Pour terminer sur une note gaie, signalons un poivrot qui nous a bien amusés pendant la conférence des hommes. Gris, moins en raison de son âge que de sa prodigieuse puissance d'absorption — il a une éponge dans le gosier, ce Monsieur-là, — notre homme crut devoir protester, discrètement toutefois, contre les paroles de l'orateur. Pensez donc, il fulminait contre les voleurs, les débauchés, les ivrognes, etc., etc. Soupçonnant quelque chose *de louche*, les voisins se détournent et rient de bon cœur en reconnaissant l'individu. Ajoutons, à sa louange, qu'il est sans doute en voie de conversion, car, la dernière fois, — c'est un fidèle — il a noté sur son calepin les leçons du Père. De la sorte, il a plus de chance de s'en souvenir le lendemain. Nos sincères félicitations.

Un Catholique.

L'article avait un épilogue de circonstance. Deux mots du récit ont déjà pu expliquer la présence d'un état d'esprit un peu trouble dans certains cerveaux : « La pression exercée sur la population ouvrière et les attaques perfides et mensongères d'une presse éhontée ». L'idée de *missionnariser* à leur façon, c'est-à-dire à la diable, avait germé dans les atômes plus ou moins crochus d'une demi-douzaine de têtes mal faites.

Le danger en pareil cas c'est que la réunion de ces atomes produisent des parcelles, que les parcelles forment des pelotons, que les pelotons se transforment en groupes et les groupes pourraient alors devenir des masses. Mais, Dieu merci, les atomes en question n'ont pas eu cette puissance.

Cependant du choc de leurs petites idées comme de celui de leurs petits verres naquit une opposition, une réaction contre l'œuvre des missionnaires. L'opposition voulut-elle lancer quelques ballons d'essai? Toujours est-il qu'à trois reprises différentes apparurent aux conférences de N.-D. trois orateurs d'un nouveau genre dont l'éloquence de protestation n'avait guère oublié que la parole. J'ai toujours pensé que les expéditeurs avaient voulu s'amuser, comme l'enfant qui n'a qu'à souffler un peu dans un fétu pour lancer ses bulles de savon.

C'est si creux et si léger que cela part tout de suite.

Un de mes amis qui pratique assez bien la photographie (avec ou sans rayons Roentgen) a pris les trois sujets en question et voici les épreuves positives qu'il m'a envoyées :

Appelons, si vous le voulez bien, X. Y. Z. ceux qui désireraient peut-être rester trois illustres inconnus.

A tout seigneur tout honneur. C'est à X. que revient le premier rang. Il était à son poste d'observation à la première conférence des hommes, le 19 mars. X. vous est connu déjà; une main habile a donné récemment dans un dessin à la plume (1) une légère esquisse de sa figure; vous savez : barbe sel gris, etc. C'est un croquis de Forain auquel il ne faut pas retoucher. Mais un détail dont il faut tenir bien compte, capable de changer toute la physionomie, c'est l'éponge. Évidemment l'éponge dans le gosier peut exercer une grande influence. Le trop sec ou le trop mouillé de ce nouvel hygromètre doivent influer sur la voix qui ne peut alors déployer tout le libre jeu de son organisme. Si nous n'attribuons pas à l'éponge l'effet de ces paroles intermittentes et entrecoupées, il faut trouver une autre cause. Qui sait, peut-être l'émotion? Mais remarquons aussi que l'orateur doit soigneusement imprégner l'éponge de son esprit pour y trouver, en la pressant, la source de l'éloquence.

Ce que l'on conçoit bien s'énonce clairement,
Et les mots, pour le dire, arrivent aisément.

Notre X. n'avait pas eu cette sage précaution... Mais passons l'éponge sur tout cela et reconnaissons que tout le monde n'a pas comme lui l'avantage d'un point de ressemblance avec un de nos rois, avec Louis II *le bègue*.

Y. est notre deuxième apôtre. A première vue sa prestance semble être une enseigne de bon sens. Le tablier de sa profession nous

(1) *Croix d'Eure-et-Loir*, n° du 29 mars.

paraît lui donner un air de vénérable. Point du tout. Aujourd'hui, voyez-vous, il n'y a que les affiches sur fond rouge qui réussissent, alors notre homme a pris la teinte à la mode, il a revêtu l'éclat du coquelicot. Il était dans toute sa fleur sous le règne du grand Léon (Gambetta). Mais le coquelicot se fane très vite; et pourtant c'est une fleur qui foisonne de nos jours dans les blés de la société. Ce n'est pas de la première utilité; mais cela vous a des couleurs criantes.

Notre Y. avait calculé tout son effet en se présentant à la conférence du 25 mars. — « Ah mais! dit-il, j'ai le droit d'entrer ici, cette bâtisse-là appartient au gouvernement! » — Vous ne savez pas encore toutes les ressources de la logique, ô illustre épiceman! écoutez-moi bien. Primo : Vous avez le droit d'entrer là en qualité de français. (Avouez tout de même que vous êtes fièrement négligent et que vous ne vous en servez pas souvent de ce droit-là.) Secundo : Vous avez le devoir d'entrer là en qualité de chrétien. Je crois bien que la négligence pour vos droits s'étend malheureusement jusqu'à vos devoirs. Louis XIV venait plus souvent que vous baiser avec respect le pavé des églises de son temps. Vraiment, vous ne soignez pas autant votre réputation.

Pourtant, comme un autre Salomon, vous avez connu l'heure de la sagesse, quand vos coups de langue cherchaient à trouver l'harmonie dans l'ophicléide de Saint-Hilaire. Hélas!

Que les temps sont changés!...

Vous avez laissé la trompette sacrée, et vos coups de langue ne cherchent plus qu'à siffler la parole de Dieu. C'est là une bien vilaine besogne; les serpents agissent de la sorte et personne n'a beaucoup d'estime pour les bêtes de cette espèce-là...

Y. chercha donc à se glisser dans la foule recueillie des auditeurs. Il se blottit près du bénitier. C'était, lisons-nous dans l'Évangile, la place de l'humble publicain (l'évangile ne fait pas encore mention de républicain); mais c'est parfois aussi la place du diable et l'on sait qu'il ne fait pas bonne figure dans les bénitiers. C'est ce qui explique que notre homme ne pouvait guère rester tranquille.

Un moment il sortit et l'on put croire qu'il allait exécuter une marche à la façon des crustacés qu'il envoyait jadis à Gambetta. Au bout de quelque temps, réapparition majestueuse pour pousser le cri de « Vivent les Curés! », ce qui n'était, paraît-il, que la moitié du pari. Un magnifique geste avait accompagné cet éloge. Les girouettes en font de *comme ça* quand elles reçoivent un coup de vent, et pour peu qu'elle soient massives et plus ou moins rouillées, elles font entendre aussi leurs cris désagréables. Mais ne médisons pas davantage sur le compte des girouettes ; c'est un instrument qui a l'honneur d'occuper en ce monde, la plupart du temps, une situation bien élevée. En cela Y. ne les égale point. Il suffit.

Y. sera peu sensible à toutes ces réflexions ; il en faudrait bien d'autres pour toucher son cœur. L'expérience a été faite ; lui-même exposa jadis sa vie pour chercher ce précieux organe. Il n'arriva pas à le trouver.

. . . .

Pour avoir toute la série, mentionnons le troisième envoyé du 27 mars. Notre nouvel inconnu Z. ne portait pas mal son nom ce jour-là et cette lettre irrégulière exprime assez bien la marche capricieuse qu'il pouvait suivre. Oh ! nous ne donnerons pas de détails ; il était de ceux dont on ne parle plus et son esprit eût été bien embarrassé de suivre un chemin plus droit que celui de ses pieds. Il essaya bien de balbutier quelques injures, mais nous entendîmes vaguement des mots aussi décousus que ses idées : hostie, Napoléon, poison. Ce qui pouvait signifier : « Napoléon empoisonné par une hostie ». Le hasard y mettait vraiment plus de rime que de raison.

Voilà donc les trois ambassadeurs du comité antichrétien. On conviendra qu'ils n'avaient guère le langage parlementaire. Ces trois frères, ces trois points formaient une triple alliance d'un nouveau genre et il faut avouer que l'éloquence du dernier envoyé était un fameux macaroni.

Cependant les choses n'avançaient point pour la plantation du calvaire de la Mission. Le Conseil, de plus en plus obstiné, gardait la réserve qu'il avait voulu prendre.

Le pauvre homme de maire était fort embarrassé.

Le charretier était littéralement embourbé comme celui que le bon La Fontaine avait rencontré de son temps dans les environs de Quimper-Corentin. (De nos jours, il n'eût pas eu besoin d'aller jusqu'à Quimper.)

« Pour venir au chartier embourbé dans ces lieux,
« Le voilà qui déteste et jure de son mieux,
« Pestant en sa fureur extrême,
« Tantôt contre les *croix* puis contre les *cures*
« Contre son char, contre lui-même. »

S'il avait eu la sagesse d'adresser une prière au ciel, « sa prière étant faite », il aurait entendu dans la nue la charitable voix de Celui qui aide tous ceux qui s'aident. Mais non, le lundi 2 avril, notre homme se trouvait dans le même bourbier. Après une sorte de conseil, lisons-nous dans *Le Nogentais* du 12 avril, « où se trouvaient les curés des trois paroisses et les deux adjoints, M. le maire se prononçait pour la négative, offrant toutefois de laisser restaurer La Croix-la-Comtesse après le départ des missionnaires. » . . . .

Ce refus était à peine connu que *la Croix* impatiente en répandit la nouvelle en jetant 2000 journaux sur le pavé de Nogent le 5 avril.

Au pays percheron

LE CHION NOGENTAIS

Allons, Chion-Ducollet, illustre maire de La Mure, toi qui détiens si fièrement le record de la persécution religieuse, prends garde, mon gaillard, tu as un rival ! — Un rival ? Qui donc ? Un socio ? — Non ! — Un communard ? — Point du tout. — Quelque chef de tribu sauvage alors??? — ... Un modéré!!!, médecin des communautés religieuses, des gens bien pensants, des bons catholiques, et de la plupart des curés de la région nogentaise ; presque un clérical enfin : le docteur Tournet-Desplantes, maire de Nogent-le-Rotrou.

Nous l'avions cru trop intelligent pour se faire persécuteur ; il paraît que tout s'use à vieillir. Oui, c'est chose décidée ; le calvaire historique de « La Croix-la-Comtesse », ce calvaire, souvenir de Béatrix, la mère du grand Rotrou (oh ! s'il était là !), ce vieux calvaire, que 1793 et la Terreur n'ont point déraciné, est aujourd'hui condamné. De par le docteur-maire Tournet-Desplantes, médecin des communautés religieuses et des catholiques, il ne sera plus relevé.

C'est donc un fameux sectaire que cet homme-là ? — Oh ! non, mais c'est un trembleur, ce qui est bien pis ! Pris entre sa clientèle électorale et sa clientèle médicale, désireux de concilier les intérêts du docteur et ceux du magistrat, il ménageait depuis quatre ans la chèvre et le chou, quand subitement, à un mois des élections, il s'est trouvé dans la cruelle nécessité de choisir entre les deux. On l'avise que le clergé, pour continuer une tradition vieille de 700 ans, désire remplacer la croix renversée par le vent. Il s'est dit : Si je le tolère, les radicaux vont me tomber dessus; si je m'y oppose, les catholiques sont capables de se fâcher. L'idée lui vint alors de se blottir derrière le conseil municipal, espérant garder de la sorte une précieuse neutralité.

En conséquence, armé de l'article 65 de la loi municipale de 1884, il invite ces messieurs à vouloir bien lui servir de garde-fou. Surpris d'une déférence dont ils sont depuis quatre ans bien déshabitués, flairant un piège, nos malins édiles, après avoir lu et relu l'article invoqué, conclurent : Il ne s'agit ni « ... d'aliénation et échange de propriétés communales — ni de reconstruction dont la dépense dépasse la limite des ressources ordinaires — ni de prolongement des rues ou de suppression des promenades » — choses pour lesquelles le maire, dit l'article, devrait nous consulter; il s'agit de restaurer — aux frais des curés — comme on l'a fait jusqu'à nos jours, sous tous les régimes, un souvenir de nos aïeux, sur un terrain donné pour cela et depuis 700 ans toujours affecté à cet usage. De plus, les articles 94 et 97 de la fameuse loi de 1884 confient au maire seul l'approbation ou l'interdiction des processions; nous n'avons donc rien à voir là-dedans. Franchement, qu'irions-nous faire dans cette galère? Aussi, au jour fixé, abstention des conseillers. — Reconvocation ! — Réabstention ! !

Furieux d'une attitude si désobligeante, notre parfait opportuniste en appelle du conseil à ses oreilles. Une main au menton, l'autre derrière le dos, les bésicles campées à mi-côte sur le nez, la paupière demi-close derrière son châssis, le docteur-maire tendant une oreille vers les catholiques, l'autre vers les sectaires, se mit en devoir d'ausculter la population.

Anne ! ma sœur Anne, ne vois tu rien venir? — Si, trois classes de citoyens réclament le calvaire et la procession : les fidèles par piété, les indifférents au nom de la liberté pour tous, et les commerçants à cause de leurs intérêts (textuel) — cela fait déjà pas mal de monde à Nogent, docteur ! — Oui, mais si vous entendiez le petit groupes d'énergumènes qui fait cercle là-bas. — Que disent-ils? — Vous êtes un clérical, si vous posez en principe que les catholiques ont encore des droits en France. Ils sont à peine 36 millions contre 200.000 juifs et francs-maçons ! s'il y a procession nous vous *tannerons !* — Que décidez-vous? — Oh ! mais je refuse ! — Comment? — Dame, ils crient si fort, s'ils allaient troubler l'ordre ! — Mais j'ai lu dans votre chère loi de 1884, art. 97...

3° « Le maintien du bon ordre dans les endroits où il se fait de grands rassemblements d'hommes tels que, les foires (où les commerçants, dites-vous, sont assurés de rencontrer beaucoup d'animaux), marchés, réjouissances et cérémonies publiques, spectacles, jeux, cafés, églises et autres lieux publics, regarde le maire. » A vous donc de maintenir l'ordre. C'est votre devoir. — Si vous croyez que c'est facile, et les ouvriers? Vous les connaissez mal, docteur, ne les ayant jamais beaucoup fréquentés. Ces braves gens, qui, pour un maigre salaire, peinent du matin au soir, trop souvent esclaves, sous un maître qui ne respecte aucune de leurs libertés, pas même celle de croire à Dieu et de penser tout haut ; forcés de cacher leurs convictions pour manger du pain, ces braves gens sentent bien, que devant Dieu seul tous les hommes sont égaux, qu'à l'Église seulement, tous les rangs sont confondus, que là seulement, l'ouvrier a le droit de coudoyer le patron. Ceux-là ne troubleront pas l'ordre. Ils ne le troubleront pas non plus, ceux qui, ne partageant pas nos croyances, ont l'esprit large et le sentiment des convenances; deux choses, docteur, qu'un simple ouvrier possède aussi bien qu'un grand seigneur.

Reste donc la catégorie des pochards. A vous de leur administrer une potion calmante. — Hum!! — quoi? — Je voudrais bien, je pense comme vous; mais : — Mais, VOUS N'OSEZ PAS!!

Conclusion. — Les fidèles, qui remplissent chaque soir les trois églises de la ville, les hommes toujours si nombreux aux conférences, les petits enfants qui se faisaient, d'avance, une fête de cette procession, dont ils auraient été le plus bel ornement, n'auront pas dimanche une liberté qu'on ne leur refuserait pas en pays musulman.

D'une part reconnaître des droits aux cavalcades et au bœuf gras, de l'autre refuser aux catholiques la liberté des rues! Nogentais, avouez que c'est raide tout de même! Si seulement cela peut vous inspirer une profonde horreur et un souverain mépris pour tous les trembleurs, vous n'aurez pas tout perdu.

Un Catholique.

De fait, le même jour la manifestation du calvaire prouva que les trembleurs n'étaient pas du côté de la sacristie et de l'Église. Ce jour-là les bons chrétiens agirent comme des ressuscités et se montrèrent, selon l'expression de Louis Veuillot, « catholiques jusqu'à la procession ».

.....Cependant il est permis de se laver les mains, quand on en sent le besoin (Pilate, à son époque, se conformait déjà à cet usage). Aussi le maire de Nogent-le-Rotrou, le docteur Desplantes, envoya-t-il au journal *La Croix* la lettre suivante, insérée le 12 avril, pour rectifier l'article du dimanche précédent. Mais le même jour 12 avril paraissait dans *Le Nogentais* (c'était le savon pour le lavement de mains) la réponse de M. le Doyen.

Lettre du Maire au journal *La Croix* :

Monsieur le Gérant du journal *La Croix*,

Je vous prie, et, au besoin, vous requiers d'insérer dans le prochain numéro de votre journal la réponse suivante à l'article qui me concerne dans votre numéro du 5 avril 1896.

Je tiens simplement à faire connaître la vérité à vos lecteurs, pour qu'ils puissent juger en connaissance de cause.

Quand MM. les curés des trois paroisses de Nogent eurent averti la municipalité qu'ils avaient l'intention d'ériger un Calvaire sur l'emplacement de l'ancien : à La Croix-la-Comtesse, et de faire une procession après la mission, immédiatement le maire convoqua le conseil municipal pour donner son avis sur une question qui intéressait la population toute entière.

En effet, le calvaire de La Croix-la-Comtesse avait été détruit par le temps depuis plusieurs années, et avait été *complétement délaissé* par le clergé paroissial, et le terrain pouvait être considéré comme abandonné, et recevoir une autre affectation. Comme cet emplacement est situé sur la voie publique entre deux chemins qui se croisent et, au milieu *d'un terrain communal*, le maire avait cru devoir, au point de vue administratif, convoquer le conseil municipal, à l'effet de délibérer sur la destination à affecter à ce terrain, et à donner satisfaction à la majorité de la population, en écartant toute considération politique ou religieuse.

Le conseil municipal s'étant abstenu pour des raisons inutiles à développer ici, la municipalité, d'un commun accord, invita MM. les curés des trois paroisses à s'entretenir avec elle.

Le lundi 30 mars, dans la réunion où se rencontrèrent le maire, ses deux adjoints et MM. les curés des trois paroisses, il fut convenu, qu'en présence de l'agitation causée par une question que l'on détournait de son véritable but, et pour éviter tout désordre dans la rue, il n'y aurait pas de procession, et qu'aussitôt le départ des missionnaires, la croix serait érigée sur l'emplacement appelé La Croix-la-Comtesse.

Cette solution fut acceptée par les six membres de la réunion. Par quel revirement, pour quelle cause M. le curé doyen a-t-il recherché un autre terrain au dehors de la ville pour y élever un Calvaire, quand le terrain de La Croix-la-Comtesse était laissé à sa disposition? Si la croix n'est pas élevée à son ancienne place, c'est que M. Claireaux en a décidé autrement. Le maire n'a reçu aucun avis à cet égard.

Le public jugera entre le clergé et la municipalité de quel côté se trouve (!) la correction de conduite, la loyauté et la bonne foi.

Agréez, Monsieur le Gérant, l'assurance de la considération qui vous est due.

Le maire de Nogent-le-Rotrou,

DESPLANTES.

A cette lettre, M. le curé de N.-D. opposait le démenti suivant :

Dans son numéro d'aujourd'hui, le journal *La Croix d'Eure-et-Loir* publie, sous la signature de M. le Maire de Nogent-le-Rotrou, une lettre concernant La Croix-la-Comtesse. Elle contient maintes inexactitudes et cherche à déplacer la question.

Le curé de Notre-Dame, d'accord avec ses collègues, croit de son devoir d'affirmer ici que :

1° Dans la réunion tenue le lundi saint chez M. le Maire, on n'a pu arriver à aucune entente, et, par conséquent, qu'aucune solution n'a été acceptée par les six membres de la réunion.

M. le Maire, lui-même, demandait encore plusieurs jours de réflexion.

2° Il est faux de dire que *MM. les Curés des trois paroisses* aient *accepté* de ne placer la Croix de Mission qu'après le départ des Missionnaires. S'ils avaient agi ainsi, ils auraient fait injure aux Missionnaires qu'ils avaient fait venir, et se seraient mis en contradiction avec eux-mêmes.

Voilà la vérité. Oui, le public appréciera « de quel côté se trouvent la correction de conduite, la loyauté et la bonne foi. »

Nogent, le 11 avril 1896.

C'est ainsi que celui qui refuse sa croix la rend plus pesante.

Il faut bien convenir que de la *crèche* au Calvaire le chemin de M. le maire a été plus ou moins heureux . . . . . .

Ici pourrait s'arrêter le compte rendu des événements de la Mission.

Mais il y aurait, croyons-nous, une certaine ingratitude de notre part à ne pas rapporter les opinions adverses de ceux qui s'occupèrent si persévéramment de la Mission avec le *zèle* et la *bienveillance* qu'on leur connaît.

Il ne faudra pas s'étonner que la parole des prédicateurs n'ait pas inspiré à la nature de ces gens-là les mêmes sentiments qu'à la nôtre. C'est ainsi que le même enseignement peut produire des résultats tout contraires.

Voici bien des siècles déjà que saint Augustin a donné l'explication de ce mystère. Il compare le rayon de la vérité au rayon du soleil; et certes la lumière Divine de la vérité évangélique est bien pour les yeux de notre âme ce qu'est la lumière solaire pour les yeux de notre corps. Or, remarque le saint docteur, le rayon, avec cette généreuse bonté dont parlait le Sauveur, sourit à tout ce qu'il aperçoit sur la terre. Indistinctement il répand sur tous les êtres son éclat, sa chaleur et ses bienfaits. Mais voyez combien les effets en sont différents.

Il tombe sur les fleurs; et la fleur, comme pour lui prouver sa reconnaissance, exhale et ravive ses parfums.

Il tombe sur le fumier qui redouble ses exhalaisons malsaines.

Il est évident que ceux qui bénissent Dieu en recevant le rayonnement de ses grâces sont les fleurs embaumées.

Quant aux autres... se mette dans le fumier qui voudra!

Nous allons avec un peu de courage tirer de ce fumier-là quelques idées qui peuvent s'y traîner depuis plusieurs semaines.

L'esprit consiste, paraît-il, à ne rien dire de vulgaire; le bon goût, à ne rien dire de trop. Nous allons faire ici notre deuil et de l'esprit et du goût.

Nous essayerons de rapporter à deux ou trois points principaux et de grouper ainsi les lambeaux épars de faussetés et de mensonges qui paraissent se ressembler dans la collection.

Un pauvre chiffonnier en fait autant avec les loques du ruisseau.

Vous me plaisanterez peut-être de mon humble condition de chiffonnier.

Pour le quart d'heure c'est un métier de dévouement. En tout cas il n'est pas un seul homme qui n'admette l'infinie supériorité du chiffonnier sur le misérable chiffon.

S'il est possible de ranger les illogiques bavardages de la presse qui s'est faite l'ennemie de la Mission ; voici à quels points nous pouvons tout rapporter.

Nous autres catholiques, fidèles et clergé,

Que sommes-nous?

Que voulons-nous?

Que faisons-nous?

Ce que nous sommes? Écoutez bien :

1° « Le clergé, sorti de son rôle de moralisateur et de pacificateur, oublie de pratiquer lui-même la doctrine qu'il est chargé d'enseigner (1). » — (*Il me semble pourtant que l'enseignement de la doctrine n'a pas été négligé pendant la Mission, et il faut croire que ceux qui n'ont pas voulu l'entendre sont ceux qui ne veulent pas la pratiquer.*)

2° Il revêt (*le parti catholique*) une attitude provocatrice et agressive.

(*Voir le langage que le loup tient à l'agneau dans la fable de La Fontaine*).

Tu nous troubles! reprit cette bête cruelle,
Et je sais que de moi tu médis l'an passé.

Ensuite, que voulons-nous? quel est notre but?

Il est tout indiqué dans les citations suivantes :

« Ils semblent (2) (*Ils? toujours eux, les catholiques*) n'avoir pour but que de faire de l'agitation, et s'il y a des troubles et des agitations, ils s'en lavent les mains (3). » — (*Remarquez que les catho-*

(1) Extrait du journal *Le Républicain*, 12 avril, n° 15.
(2) *Le Républicain*, 12 avril, n° 15.
(3) Journal de *La Loupe*, 7 avril, n° 14.

liques sont de la Compagnie de Jésus et que les Pilates qui se lavent les mains ne sont pas de ce côté-là.)

« De concert avec les meneurs de la majorité du conseil municipal qui ont fait cause commune avec lui, le clergé nogentais a pesé sur la conscience des électeurs (1). » — (*Si les électeurs n'ont rien sur l'estomac qui leur pèse plus que la pression des curés sur leurs consciences, ils n'ont pas à craindre d'indigestion.*)

« Voici venir la division de Nogent par la rivalité des partis; c'est la guerre religieuse plus terrible que toute autre, parce qu'elle comporte une action dominatrice à exercer sur les esprits faibles et principalement sur les femmes (2). » – (*Ouvrez La Bruyère, chapitre* Des esprits forts : « *L'esprit fort, dit-il, ou n'a point de religion ou s'en fait une; donc l'esprit fort, c'est l'esprit faible.* »)

Enfin que faisons-nous?

On a indiqué notre but ; voici nos moyens d'actions, ils sont affreux.

« Une pluie de journaux de *La Croix* s'est abattue sur Nogent (3). » — (*Laquelle pluie cependant n'a pas trop obscurci le soleil du jour de Pâques!*)

« *La Croix* a répandu le venin jésuitique (4). » — (*Voyez-vous le serpent qui parle du venin de ses victimes.*)

« Le pavillon couvre la marchandise (5). » — (*Osez donc, vous, couvrir la vôtre avec le pavillon de* La Croix.)

« *La Croix* est un recueil d'injures et de grossièretés (6). — *Ces recueils-là ne se trouvent-ils pas plutôt dans vos librairies?*)

« Le procédé des catholiques consistera à foudroyer leurs adversaires sous des bordées d'injures (7). » — (*Dites donc que le rôle des catholiques consiste toujours à être foudroyés par leurs adversaires sous des bordées d'injures.*)

« *La Croix* a donné deux infâmes pamphlets signés *Un Catholique* (8). » — (*Mais non, c'étaient deux simples consultations données gratis.*)

(1) *Le Républicain*, 12 avril, n° 15.
(2) *Le Républicain*, 12 avril, n° 15.
(3) Journal de *La Loupe*, 7 avril, n° 14.
(4) Journal de *La Loupe*, 7 avril, n° 14.
(5) *La Loupe*, 7 avril, n° 14.
(6) *La Loupe*, 7 avril, n 14.
(7) *Le Républicain*, 12 avril, n° 15.
(8) *Le Républicain*, 12 avril, n° 15.

Mais ce n'est pas tout, vous allez voir.

« Voilà l'inquisition qui recommence ; les Missionnaires confisquent jusqu'au confessionnal à leur profit (1). — (*L'Inquisition du confessionnal ! comme cela doit terriblement gêner ceux qui n'y vont jamais. X. avait peut-être cette année résolu de faire ses Pâques ?*)

Au fond, ce qui alarme le journal de ce nouveau concile, c'est le déplorable résultat de toute cette affaire.

« Tout cela contribue à détourner de la religion ceux chez qui dominent les sentiments de l'honnêteté, de la morale et de la tolérance prêchés par son divin fondateur (2). » — (*Tas de farceurs !*)

« Voilà ce que font les ardents soldats du Christ dont la mission serait de prêcher la paix et la concorde (3). » — (*Ils la prêchent encore dans leurs églises.*)

« Ce n'est pas le moyen de faire aimer la religion (4) ! » — (*Vous avez peut-être trouvé ce moyen, vous, dans vos salles de danses où (entre parenthèse) l'on a demandé plus de francs que les missionnaires n'ont quêté de sous.*)

« Les fidèles sincères gémissent de voir perdre la morale sublime du Christ (5). » — (*Cessez vos craintes, ô crocodiles, votre perte arrivera avant celle de la morale sublime du Christ.*)

Cependant ce qui a le plus, paraît-il, affligé « les fidèles sincères »

C'est la plantation de la croix.

« Ces enragés ont voulu édifier le calvaire (6) ; alors a eu lieu une mise en scène d'ânerie de mauvaise foi et de méchanceté (7) ».

« Et dire que ces enragés ont eu du succès (8) ! »

Non, ils ne peuvent pas digérer cela. Pensez ! leur farce qui a été *déjouée !*

(1) *Journal de La Loupe*, 7 avril, n° 14.
(2) *Id.*, 7 avril, n° 14.
(3) *Id.*, 7 avril, n° 14.
(4) *Le Républicain*, 12 avril, n° 15.
(5) *Le Républicain*, 12 avril, n° 15.
(6) *La Loupe*, 7 avril, n° 14.
(7) *Journal de La Loupe*, 7 avril, n° 13.
(8) *Id.*, 7 avril, n° 14.

« Les méchants, a dit un spirituel écrivain de notre siècle, sont toujours surpris de trouver de l'habileté dans les bons. » Ne leur épargnons donc pas ces surprises-là.

Il y avait donc eu un succès! ils avaient constaté et admis la chose après avoir examiné la question *à la loupe.*

Mais comment voulez-vous qu'ils dorment là-dessus? Il fallait bien aussi consoler un peu les « fidèles sincères ». Alors ils y regardèrent de près, de tout près, avec l'oculaire rapétissant de leur vue très étroite, et voici qu'ils formulent aussitôt ce nouveau jugement :

BONNE FOI CLÉRICALE (1).

« On imprime pour les crédules que trois mille personnes se sont transportées aux Gauchetières pour assister à la bénédiction de la croix.

« Pourquoi pas toute la population qui ne compte que 8000 habitants.

« Au plus sept ou huit cents personnes étaient réunies et se décomposaient ainsi : une centaine d'enfants, les séminaristes, les frères, deux ou trois cents femmes et une cinquantaine de *paupe-res spiritu* (2) ».

(On voit bien qu'ils étaient à jeun ce matin-là; ils n'ont certes pas vu double.)

Mais, de plus en plus fort; c'était encore trop de mettre quelques centaines, alors on va diminuer.

« Il s'est trouvé quelques douzaines de personnes électrisées par les bêlements d'un Mouton (3). » — *(C'était l'Agneau de Dieu, monsieur, et il venait pour enlever les péchés du monde.)*

Voilà! et avec cela, de tels gens vous prennent des airs de protecteurs de la religion! On se pose dans le groupe des chrétiens de choix, de ce qu'on appelle les fidèles sincères! et l'on

(1) *Journal Le Républicain*, 19 avril, n° 16.
(2) *Id.*, 19 avril, n° 16.
(3) *Le Républicain*, 12 avril, n° 15.

met de son côté « la franchise, la vertu, le bon sens, la correction de conduite, la loyauté et la bonne foi (1). » — (*Dieu! où peuvent-elles bien loger!*

Fidèles sincères en effet ceux qui débitent de pareils mensonges.

Fidèles sincères qui distinguent entre le clergé paroissial et « ces moines venus on ne sait d'où, envoyés par on ne sait qui (2) », comme si tous ces hommes ne combattaient pas

Pour les mêmes autels et les mêmes foyers

n'étaient pas tous de la société de Jésus. C'était établir une distinction entre saint Pierre et saint Paul ; tolérer Pierre, parce qu'il a les clefs de l'Église, et prétendre renvoyer Paul, parce qu'il est apôtre.

Fidèles sincères qui ne veulent pas de la religion, ni de son dogme, ni de sa morale, ni de ses prêtres, ni de ses religieux, ni de la prière des femmes, ni de la piété des petits enfants et qui osent éloigner l'ouvrier de l'église.

Fidèles sincères qui ne veulent pas de Dieu en un mot, puisqu'ils rejettent sa vérité, sa charité, sa croix.

Ah! si Notre-Seigneur Jésus-Christ vous avait trouvés à Jérusalem, vous auriez vite reçu les titres qui vous conviennent et je ne sais pas si vous n'auriez pas eu du fouet.

. . . .

Ce sont là des ennemis de l'Eglise, imitateurs fidèles des persécuteurs, comme l'a dit fort éloquemment le R. P. Mouton au pied du calvaire; « mais auprès des premiers, ce ne sont plus que des avortons. »

Ce sont des menteurs.

Voltaire leur a légué cette vertu; mais quant à son esprit, le vieil égoïste ne s'est pas montré généreux.

Ce sont des sots, car Dieu, nous affirme Montesquieu, ne peut avoir que des ennemis de cette espèce-là.

. . . .

Ce sera toujours la même histoire : quand Notre-Seigneur Jésus-Christ prêchait les foules qui le suivaient, les grands de

(1) *Le Républicain*, 12 avril, n° 15.
(2) *Journal de La Loupe*, avril n° 14.

la cité, les Pilates qui se lavaient les mains (sans doute parce qu'elles n'étaient pas propres) étaient dans l'indignation, et voyaient dans le fils deDieu un ennemi de ce peuple qu'il venait sauver. Les missionnaires ont passé faisant le bien comme celui au nom duquel ils sont venus. Le diable a trouvé de nouveaux Pilates. Ces gens-là ne veulent pas de Jésus comme ils ne veulent pas de sa croix. **Honte à eux!**

Je me rappelle avoir lu une jolie fable allemande : « Le Crapaud et le Ver luisant ». L'infecte bête jette son venin sur l'insecte inoffensif.

« — Je ne t'ai point fait de mal, lui dit le pauvre insecte, pourquoi baves-tu sur moi? »

« — Parce que tu brilles, fit l'autre. »

C'est l'éternelle histoire de la Vérité et des crapauds qui la veulent salir.

Chartres, mai 1896.

Le Mans. — Typographie Ed. Monnoyer. — Juin 1896.

www.ingramcontent.com/pod-product-compliance
Ingram Content Group UK Ltd.
Pitfield, Milton Keynes, MK11 3LW, UK
UKHW012300240726
13966UKWH00004B/1532

9 782013 044936